# BEI GRIN MACHT SICH IHR WISSEN BEZAHLT

AF141707

- Wir veröffentlichen Ihre Hausarbeit,
  Bachelor- und Masterarbeit

- Ihr eigenes eBook und Buch -
  weltweit in allen wichtigen Shops

- Verdienen Sie an jedem Verkauf

## Jetzt bei www.GRIN.com hochladen und kostenlos publizieren

# Die Verbesserung der Grundausdauer, die Steigerung der relativen Wattleistung und die Reduzierung des Körperfettanteils. Eine Trainingsplanung

Trainingslehre 2

**Bibliografische Information der Deutschen Nationalbibliothek:**

Die Deutsche Nationalbibliothek verzeichnet diese Publikation in der Deutschen Nationalbibliografie; detaillierte bibliografische Daten sind im Internet über http://dnb.d-nb.de abrufbar.

ISBN: 9783346394743
Dieses Buch ist auch als E-Book erhältlich.

© GRIN Publishing GmbH
Nymphenburger Straße 86
80636 München

Druck und Bindung: Books on Demand GmbH, Norderstedt Germany
Gedruckt auf säurefreiem Papier aus verantwortungsvollen Quellen

Das Buch bei GRIN: https://www.grin.com/document/1006405

Deutsche Hochschule für

Prävention und Gesundheitsmanagement

Hermann Neuberger Sportschule 3

66123 Saarbrücken

# Einsendeaufgabe

**Fachmodul:**          Trainingslehre 2

**Studiengang:**        Bachelor of Arts Fitnessökonomie

**Datum**

**Präsenzphase:**       19.12.2018 – 21.12.2018

**Studienort:**         **Stuttgart**

**Semester:**           **WS/2017**

# Inhaltsverzeichnis

# 1 Diagnose

## 1.1 Allgemeine und biometrische Daten

Um eine optimale und individuelle Trainingsplanung für den Probanden zu schaffen, wurden in einem ausführlichen Eingangsgespräch zuerst alle relevanten Daten der Person ermittelt. Diese Daten sind nun in der folgenden Tabelle einzusehen.

**Tab. 1: Allgemeine Daten der Testperson**

| | |
|---|---|
| **Alter** | 20 Jahre (14.07.1998) |
| **Geschlecht** | Männlich |
| **Körpergröße** | 1,75 m |
| **Körpergewicht** | 80 kg |
| **Trainingsmotive** | Möchte bis zum Sommer ein bisschen Körperfett reduzieren und außerdem noch unterstützend zum Kraftsport eine bessere Ausdauer erlangen. |
| **Berufliche Tätigkeit** | Dualer Student im Fitnessstudio |
| **Aktuelle Aktivität** | 5 mal pro Woche Krafttraining / 2-3 mal pro Woche Fußballtraining |
| **Trainingsalter** | Ca. 3 Jahre Krafttraining<br>Ca. 12 Jahre Fußball |
| **Frühere Aktivität** | 4 mal pro Woche Fußballtraining in einem Verein, welcher in der Kreisliga vertreten war. Im Sommer 2 mal pro Woche regelmäßig Ausdauertraining. |
| **Zeitlicher Verfügungsrahmen** | 3 mal pro Woche/1-2 Stunden am Tag |
| **Allgemeinen Gesundheitszustand** | Der Proband hat keinerlei körperliche Einschränkungen und konsumiert ebenfalls keine Medikamente. |
| **Leistungsniveau** | Fortgeschrittener |

Ergänzend wurden des Weiteren mithilfe von diversen Tests die biometrischen Daten des Probanden ermittelt. Diese spielen nämlich im weiteren Verlauf der Trainingsplanung eine wichtige Rolle. Außerdem entscheiden sie über die Auswahl des Testverfahrens und schließen weitere eventuelle Risiken aus. Die Daten sind nun in den folgenden Tabellen ersichtlich.

**Tab. 2: Biometrische Daten**

| Test | Testwerte | Normwerte | Auswertung |
|------|-----------|-----------|------------|
| Ruhepuls | 54 Schläge/min | 60-80 Schläge/min | Der Blutdruck liegt hier unter den Normwerten, was bei Sportlern allerdings normal ist. |
| Körperfettanteil | 14 % (mittels InBody Waage) | Normalbereich (20-39 Jahre) 8-20 % | Der Körperfettanteil liegt im Normalbereich |

**Tab. 3: Blutdruckwerte der Person**

| Kategorie | systolisch (mmHg) | diastolisch (mmHg) |
|-----------|-------------------|--------------------|
| optimal | 115 mmHg | 76 mmHg |

**Tab. 4: Blutdruckklassifikation der American Heart Association (modifiziert nach Mancia et al., 2013, S. 1286)**

| Bewertungsstufen | Systolischer Blutdruck | Diastolischer Blutdruck |
|------------------|------------------------|-------------------------|
| **Normblutdruck (Normotonie)** | | |
| optimal | Unter 120 mmHg | Unter 80 mmHg |
| normal | Unter 130 mmHg | Unter 85 mmHg |
| hochnormal | 130-139 mmHg | 85-89 mmHg |
| **Bluthochdruck (arterielle Hypertonie)** | | |
| Stufe 1 | 140-159 mmHg | 90-99 mmHg |
| Stufe 2 | 160-179 mmHg | 100-109 mmHg |
| Stufe 3 | > 180 mmhg | > 110 mmHg |

2

## 1.2 Leistungsdiagnostik/Ausdauertestung

Nachdem alle relevanten Daten des Probanden gesammelt wurden, ist es nun erforderlich eine Leistungsdiagnostik durchzuführen. Hierbei wird die Leistungsfähigkeit des Probanden mit einem ausgewählten Test geprüft, welche im späteren Verlauf der Trainingsplanung sehr wichtig ist. Für die Ermittlung seiner absoluten Leistung hat man sich hier für einen Test am Fahrradergometer entschieden.

Es gibt jedoch ein paar verschiedene Testverfahren für die unterschiedlichen Leistungsniveaus. Der Hollmann- und Venrath-Test eignet sich beispielsweise eher für jüngere und trainierte Personen, während sich der WHO-Test eher nur für leistungsschwache Personen eignet. Der Wingate -und der Vita-Maxima-Test eignen sich im Gegensatz zu den anderen Tests nur für sehr gut trainierte Sportler. Der Proband wird aus diesem Grund passend den Vita-Maxima-Test durchführen.

### 1.2.1 Begründung für die Auswahl des Vita-Maxima-Tests

Da der Proband schon mehrere Jahre aktiv im Verein Fußball spielt und zusätzlich vor 3 Jahren auch noch den Kraftsport implementiert hat, ist der Vita-Maxima-Test für ihn bestens geeignet. Bei den anderen Tests wäre er wie schon bereits erwähnt höchstwahrscheinlich unterfordert. Beim Hollmann und Venrath Test würde beispielsweise die Gefahr bestehen, dass er laut diesem Test (180-19 = 161) bei seiner theoretischen Pulsobergrenze, überhaupt nicht an seiner maximalen Leistungsfähigkeit angekommen wäre. Weitere Indizien dafür, dass der Vita-Maxima-Test gut geeignet wäre, ist der niedrige Ruhepuls des Probanden, welcher beweist, dass sich bereits schon einige positive Adaptionen des aktiven Ausdauertrainings bemerkbar machen.

## 1.2.2 Durchführung des Vita-Maxima-Tests

Tab. 5: Vita-Maxima-Test

| Vita-Maxima-Test | | | | |
|---|---|---|---|---|
| **Watt** | **Zeit** | **Herzfrequenz 1** | **Herzfrequenz 2** | **Herzfrequenz 3** |
| 50 Watt | 1-3 Minuten | 105 Schläge/min | 111 Schläge/min | 115 Schläge/min |
| 100 Watt | 3-6 Minuten | 120 Schläge/min | 132 Schläge/min | 140 Schläge/min |
| 150 Watt | 6-9 Minuten | 145 Schläge/min | 148 Schläge/min | 153 Schläge/min |
| 200 Watt | 9-12 Minuten | 156 Schläge/min | 160 Schläge/min | 167 Schläge/min |
| 250 Watt | 12-15 Minuten | 174 Schläge/min | 181 Schläge/min | 186 Schläge/min |
| 300 Watt | 15-18 Minuten | 192 Schläge/min | 198 Schläge/min | **Testabbruch** |
| **Testabbruch wegen muskulärer Erschöpfung** | | | | |

## 1.2.3 Bewertung der Testergebnisse

Der Test musste aufgrund muskulärer Erschöpfung des Probanden nach der 15. Minute bei 250 Watt beendet werden. Daraus ergibt sich nun eine relative Wattleistung (333/80) von 4,1625. Aus diesem Grund wird der Proband als Freizeit- Breitensportler eingestuft (Kindermann, 1987, S. 244-268). Des Weiteren ist ganz klar zu erkennen, dass im Bereich der Grundlagenausdauer noch viel Verbesserungspotenzial vorhanden ist. Zwischen der 3. Und 6. Minute ist die Herzfrequenz des Probanden nämlich um 20 Schläge/min angestiegen. Aus diesem Grund kann man davon ausgehen, dass die Person, wie leider viele andere Sportler auch, nicht genügend im Bereich der Grundlagenausdauer trainiert hat. Im weiteren Verlauf der Trainingsplanung, kann dieses Problem allerdings zu einem neuen Ziel formuliert werden und somit ausgelöscht werden..

## 1.3 Gesundheits- und Leistungsstatus der Person

Im Folgenden wird nun der Leistungs- und Gesundheitsstatus des Probanden analysiert und bewertet. Hinsichtlich der allgemeinen und biometrischen Daten hat die Person keine medizinischen Einschränkungen und ist somit gesundheitlich zumindest schon mal sehr gut aufgestellt und belastbar. Wichtige Werte wie beispielsweise Der Blutdruck, Körperfettanteil und der Ruhepuls sind bei der Person alle in der Norm oder sogar überdurchschnittlich gut.
Im Punkto Trainierbarkeit herrschen auch optimale Bedingungen und Voraussetzungen für den weiteren Verlauf der Trainingsplanung, da der Vita-Maxima-Test sehr gut gelaufen ist und man

unter anderem auch an seiner maximalen Herzfrequenz des Vita-Maxima-Tests erkennt, dass er in der Lage ist an seine Grenzen zu gehen.

# 2   Zielsetzung / Prognose

Eines der wichtigsten Sachen im Sport ist es, ein konkretes Ziel vor Augen zu haben. Den meisten Menschen im Fitnessstudio ist dies jedoch nicht bewusst und somit hat der Trainer zusätzlich immer noch die Aufgabe, aus den Wünschen und Motiven des Kunden, konkrete, erreichbare und realistische Ziele zu formulieren. Die folgende Tabelle soll dies veranschaulichen.

**Tab. 6: Zielsetzungen des Kunden**

|  | Inhalt | Ausmaß | Zeit |
|---|---|---|---|
| **1. Ziel** | Verbesserung der THF im Bereich der Grundausdauer | Verringerung der Schläge/min zwischen 3-6 Minuten des Vita-Maxima-Tests | 2 Monate |
| **2. Ziel** | Steigerung der relativen Wattleistung pro kg Körpergewicht | Auf 5 Watt erhöhen. (Steigerung um 0,8375 Watt) | 6 Monate |
| **3. Ziel** | Körperfettanteil reduzieren | Reduktion um 5% | 4 Monate |

**1. Ziel Begründung:** Bei der Analyse des Vita-Maxima-Tests konnte man erkennen, dass der Proband über eine schlechte Grundausdauer verfügt. Am Anfang zwischen der 3. Und 6. Minute ist die Herzfrequenz der Person nämlich um 20 Schläge/min angestiegen. Die Grundausdauer soll nun mit diesem Teilziel verbessert und stabilisiert werden, um dadurch unter anderem auch die Erreichung der anderen Ziele zu unterstützen.

**2. Ziel Begründung:** Neben dem Ziel ein wenig Körperfett zu reduzieren, hat der Proband des Weiteren den Wunsch eine bessere Ausdauer zu erlangen. Im Vita-Maxima-Test wurde durch die Auswertung ersichtlich, dass die Testperson als Freizeit- Breitensportler eingestuft wird.

Um die Leistungsfähigkeit des Probanden zu steigern wurde als weiteres Ziel die Steigerung seiner relativen Soll-Watt-Leistung festgelegt. Hier soll er innerhalb von ca. 6 Monaten die nächsthöhere Leistungsstufe erlangen.

**3. Ziel Begründung:** Das letzte Ziel des Kunden ist es, ein wenig Körperfett zu reduzieren. Dieses Vorhaben wird vor allem aber auch das zweite Ziel enorm unterstützen, da bei der Leistungsfähigkeit des Vita-Maxima-Tests das Gewicht des Probanden ebenfalls eine Rolle spielt. Umso niedriger das Gewicht, desto höher ist die relative Soll-Watt-Leistung bei gleichbleibender Wattzahl.

# 3 Trainingsplanung Mesozyklus

## 3.1 Grobplanung Mesozyklus

Die folgende Tabelle gibt nun den ersten Einblick in die für den Kunden individuell angepasste Grobplanung des Mesozykluses.

Tab. 7: Grobplanung des Mesozykluses

| Mesozyklus | |
|---|---|
| Dauer | 6 Wochen |
| Trainingsziel | - Verbesserung der Grundausdauer<br>- Reduktion von Körperfett |
| Trainingsumfang/Woche | 3 Stunden |
| Trainingsmethoden | - Extensive Dauermethode<br>- Variable Dauermethode<br>- Intensive Dauermethode |
| Belastungsintensität | - 45%- 55%Hf-Reserve (regenerativ/extensiv)<br>- 45%-65% Hf-Reserve (extensiv)<br>- 45%-80% Hf-Reserve (variabel)<br>- 70%-80% Hf-Reserve (intensiv) |
| Trainingshäufigkeit/Woche | 3 mal/Woche |
| Dauer pro Trainingseinheit | - 30 min. (regenerativ)<br>- 45-80 min. (extensiv)<br>- 40-60 min. (variabel)<br>- 40-60 min. (intensiv) |
| Trainingsgeräte | Laufband bzw. Laufen outdoor, Fahrradergometer |

## 3.2 Detailplanung Mesozyklus

Um nun in die detaillierte Planung des Mesozykluses übergehen zu können, müssen vorerst alle Trainingsherzfrequenzen der jeweiligen Intensitäten mithilfe der Karvonen-Formel berechnet werden.

**Karvonen-Formel:** Thf = (Hf-max – Hf-Ruhe) • Intensität in % + Hf-Ruhe

Thf = Trainingsherzfrequenz

Hf-max = Maximale Herzfrequenz (220 - Lebensalter)

Hf-Ruhe = Ruheherzfrequenz

(Hf-max – Hf-Ruhe) = Herzfrequenzreserve

Beispielrechnung:

Thf = (198 S/min – 54 S/min) • 0,6 + 54 S/min

Thf = 140,4 S/min

7

Tab. 8: Detailplanung Mesozyklus

| Woche 1 | Montag | Mittwoch | Freitag |
|---|---|---|---|
| Trainingsziel | Aufbau u. Stabilisierung von GA1 | Aufbau u. Stabilisierung von GA1 | Aufbau u. Stabilisierung von GA1 & GA2 |
| Trainingsmethode | Extensive DM | Extensive DM | Variable DM |
| Trainingsintensität | 45-65% HF-Reserve | 45-65% HF-Reserve | Extensiv 45-65% HF-Reserve Intensiv 70-80% Hf-Reserve |
| Trainingsherzfrequenz | 119 - 148 S/min | 119 - 148 S/min | Extensiv 119 - 148 S/min Intensiv 155 – 169 S/min |
| Trainingsdauer | 40 min | 40 min | 40 min (10:10) |
| Trainingsgeräte | Fahrradergometer | Fahrradergometer | Laufband |
| Woche 2 | Montag | Mittwoch | Freitag |
| Trainingsziel | Aufbau u. Stabilisierung von GA1 | Aufbau u. Stabilisierung von GA1 | Aufbau u. Stabilisierung von GA1 & GA2 |
| Trainingsmethode | Extensive DM | Extensive DM | Variable DM |
| Trainingsintensität | 45-65% HF-Reserve | 45-65% HF-Reserve | Extensiv 45-65% HF-Reserve Intensiv 70-80% Hf-Reserve |
| Trainingsherzfrequenz | 119 - 148 S/min | 119 - 148 S/min | Extensiv 119 - 148 S/min Intensiv 155 – 169 S/min |
| Trainingsdauer | 50 min | 40 min | 40 min (10:10) |
| Trainingsgeräte | Crosstrainer | Fahrradergometer | Laufband |
| Woche 3 | Montag | Mittwoch | Freitag |
| Trainingsziel | Aufbau u. Stabilisierung von GA1 | Aufbau u. Stabilisierung von GA1 & GA2 | Rekom |

| Trainingsmethode | Extensive DM | Variable DM | Extensive DM |
|---|---|---|---|
| Trainingsintensität | 45-65% HF-Reserve | Extensiv<br>45-65% HF-Reserve In-<br>tensiv<br>70-80% Hf-Reserve | 45-65% HF-Reserve |
| Trainingsherzfrequenz | 119 - 148 S/min | Extensiv<br>119 - 148 S/min<br>Intensiv<br>155 – 169 S/min | 126 – 140 S/min |
| Trainingsdauer | 65 min | 40 min (10:10) | 30 min |
| Trainingsgeräte | Crosstrainer | Laufband | Laufen Outdoor |
| **Woche 4** | **Montag** | **Mittwoch** | **Freitag** |
| Trainingsziel | Rekom | Entwicklung der GA2 | Aufbau u. Stabilisierung<br>von GA1 & GA2 |
| Trainingsmethode | Extensive DM | Intensive DM | Variable DM |
| Trainingsintensität | 45-55% HF-Reserve | 70-80 % HF-Reserve | Extensiv<br>45-65% HF-Reserve In-<br>tensiv<br>70-80% Hf-Reserve |
| Trainingsherzfrequenz | 119 - 133 S/min | 155 – 169 S/min | Extensiv<br>119 - 148 S/min<br>Intensiv<br>155 – 169 S/min |
| Trainingsdauer | 30 min | 60 min | 50 min (10:10) |
| Trainingsgeräte | Laufen (Outdoor) | Laufband | Laufband |
| **Woche 5** | **Montag** | **Mittwoch** | **Freitag** |
| Trainingsziel | Rekom | Aufbau u. Stabilisierung<br>von GA1 | Entwicklung GA2 |
| Trainingsmethode | Extensive DM | Extensive DM | Intensive DM |
| Trainingsintensität | 45-55% HF-Reserve | 45-65% HF-Reserve | 70-80 % HF-Reserve |
| Trainingsherzfrequenz | 119 - 133 S/min | 119 - 148 S/min | 155 – 169 S/min |

9

| Trainingsdauer | 30 min | 60 min | 60 min |
|---|---|---|---|
| Trainingsgeräte | Laufen (Outdoor) | Fahrradergometer | Ruderergometer |
| **Woche 6** | **Montag** | **Mittwoch** | **Freitag** |
| Trainingsziel | Rekom | Aufbau u. Stabilisierung von GA1 | Aufbau u. Stabilisierung von GA1 & GA2 |
| Trainingsmethode | Extensive DM | Extensive DM | Variable DM |
| Trainingsintensität | 45-55% HF-Reserve | 45-65% HF-Reserve | Extensiv 45-65% HF-Reserve Intensiv 75-85% Hf-Reserve |
| Trainingsherzfrequenz | 119 - 133 S/min | 119 - 148 S/min | Extensiv 119 - 148 S/min Intensiv 155 – 169 S/min |
| Trainingsdauer | 30 min | 80 min | 60 min |
| Trainingsgeräte | Laufen (Outdoor) | Fahrradergometer | Laufband |

## 3.3 Begründung zum Mesozyklus

### 3.3.1 Begründung des wöchentlichen Beslastungsumfangs

Da der Kunde bereits schon im Eingangsgespräch erwähnt hatte, dass er maximal 3 mal pro Woche Zeit für ein Ausdauertraining hat, wurde der Mesozyklus selbstverständlich auch auf seinen zeitlichen Verfügungsrahmen angepasst und somit beschränkt sich dieser Mesozyklus auch auf maximal 3 Einheiten pro Woche.

**Tab. 9: Gesamter Trainingsumfang pro Woche**

| Trainingsumfang pro Woche | | | | | |
|---|---|---|---|---|---|
| **Woche 1** | **Woche 2** | **Woche 3** | **Woche 4** | **Woche 5** | **Woche 6** |
| 3 Einheiten | 3 Einheiten | 3 Einheiten | 3 Einheiten | 3 Einheiten | 3 Einheiten |
| 120 min | 130 min | 135 min | 140 min | 150 min | 170 min |

Der wöchentliche Belastungsumfang wurde im Laufe des Mesozykluses von 120 min auf 170 min gesteigert. Des Weiteren hat man sich bei der Trainingsplanung an das Gesundheitsoptimalprogramm (Nach Zintl et al.) orientiert. Hier belaufen sich die Belastungsvorgaben auf minimal 3 Trainingseinheiten pro Woche (Zintl & Eisenhut, 2009, S. 142). Die kontinuierliche Belastungsdauer pro Trainingseinheit sollte maximal 60 – 70 Minuten dauern und als Minimum gaben die Autoren 30 - 35 Minuten an (Zintl & Eisenhut, 2009, S. 141).

### 3.3.2 Begründung zu den ausgewählten Trainingsmethoden

**Extensive Dauermethode:**

Zur Entwicklung und Stabilisierung der GA 1 werden in dieser Trainingsplanung folgende Trainingsmethoden angewandt (Zintl & Eisenhut, 2009, S. 128):

- Extensive Dauermethode (ext. DM)

- Variable Dauermethode (var. DM)

- Intensive Dauermethode (int. DM)

Zur Entwicklung und Verbesserung der GA 1 wurde in diesem Mesozyklus hauptsächlich die extensive Dauermethode verwendet. Dadurch hat der Proband die Möglichkeit, seine Herzfrequenz bei geringen Belastungen zu trainieren in dem er diese niedrig hält.

Es zeigte sich bei der Vita-Maxima-Testung nämlich, dass die Herzfrequenz des Probanden zwischen Minute 3 und 6 sehr schnell und sprunghaft anstieg. Des Weiteren kommen neben der Verbesserung der Herzarbeit auch noch weitere Vorteile bei Durchführung der extensiven Dauermethode zum Vorschein wie zum Beispiel die Erweiterung des aeroben Stoffwechsels (mit Verbesserung der Fettverbrennung) vor. Somit arbeitet der Kunde gleichzeitig an zwei von seinen drei gesetzten Zielen:

- Verbesserung der THF im Bereich der Grundausdauer

- Reduktion seines Körperfettanteils

**Variable Dauermethode**

In der variablen Dauermethode wechseln sich intensive und extensive Intervalle in wiederholten Abschnitten ab. Die Anpassungseffekte dieser Methode ähneln der extensiven und der intensiven Dauermethode (nur in abgeschwächter Form). Der größte Vorteil allerdings, liegt in der verbesserten Umstellung zwischen der aeroben und aerob-aneaeroben Energiebereitstellung (Zintl & Eisenhut, 2009, S. 120). Diese immer wieder abwechselnden Intensitäten findet man

11

beispielsweise beim Fußball ebenfalls vor und aus diesem Grund wurde die variable Dauermethode bei diesem Kunden bewusst implementiert.

**Intensive Dauermethode**

Gegen Ende des Mesozykluses findet auch noch zusätzlich die intensive Dauermethode ihren Platz. Ebenfalls treten auch bei dieser Methodik viele positive und relevante Adaptionen auf. Eine der wichtigsten Verbesserungen für den Kunden ist mit Sicherheit die Anhebung der anaeroben Schwelle. Dadurch kann man einer höheren Intensität über einen längeren Zeitraum Stand halten, was im Fußball sicherlich eine große Rolle spielt.

Die extensive und intensive Intervallmethode, werden im Rahmen des Gesunheitsoptimalprogrammes nicht behandelt (Zintl & Eisenhut, 2009, S. 142). Aus diesem Grund wurden diese Trainingsmethoden in diesem Mesozyklus ausgeschlossen.

### 3.3.3 Begründung zur Belastungsprogression

Laut (Zintl und Eisenhut 2009) sollte man zuerst die Trainingshäufigkeit vor dem Trainingsumfang und vor der Trainingsintensität steigern. Dementsprechend erfolgte die Belastungsprogression (siehe Tabelle 8) auch. Da der zeitliche Verfügungsrahmen des Kunden leider auf maximal 3 Einheiten pro Woche beschränkt ist, wurde eben zuerst der Trainingsumfang gesteigert. Außerdem finden sogenannte Rekom Einheiten ebenfalls ihren Platz in diesem Mesozyklus. Diese Rekom-Einheiten wurden ab der vierten Woche in die weitere Planung implementiert, um der hohen Belastung regenerativ entgegen zu wirken. Das optimale Verhältnis zwischen Belastung und Entlastung liegt bei 2:1 bzw. 3:1 (Zintl & Eisenhut, 2009, S. 20).

### 3.3.4 Begründung zu den angesteuerten Trainingsbereichen

Die angesteuerten Trainingsbereiche hängen in der Planung des Mesozykluses von den jeweilig eingesetzten Trainingsmethoden ab. Anfangs wurde hauptsächlich viel mit der extensiven Dauermethode gearbeitet um dem ersten Ziel (Entwicklung und Verbesserung der Grundausdauer) des Kunden näher zu kommen. Gegen Ende des Zykluses wurden dann noch intensivere Einheiten eingebaut sowie regenerative Rekom-Einheiten, welche eventuelle Überbelastungserscheinungen mindern sollen.

### 3.3.5 Begründung der ausgewählten Ausdauergeräte

Als Haupttrainingsgerät wurde aufgrund seiner aktuellen und früheren sportlichen Aktivität (Fußball im Verein) das Laufband gewählt, da er diese Bewegungsform durch jahrelanges Training schon gewohnt ist. Dennoch wurden auch immer abwechselnd weitere Geräte hinzu genommen, um eine Monotonie des Trainings zu verhindern.

# 4    Literaturrecherche

Die folgende Tabelle zeigt zwei verschiedene Humanstudien über die Auswirkungen des Ausdauertrainings bei arterieller Hypertonie auf.

**Tab. 10: Literaturrecherche: Auswirkungen des Ausdauertrainings bei arterieller Hypertonie**

| 1. Studie | 2. Studie |
|---|---|
| **Titel der Studie** | |
| The beneficial effect of regular endurance exercise training on blood pressure and quality of life in patients with hypertension | Auswirkungen von Ausdauer-vs. Krafttraining vs. der Kombination Ausdauer-/Krafttraining auf die systemische Hämodynamik, Gefäßelastizität sowie Herzfrequenzvariabilität bei Patienten mit arterieller Hypertonie |
| **Wer hat die Studien durchgeführt** | |
| Tsai JC, Yang HY, Wang WH, Hsieh MH, Chen PT, Kao CC, Kao PF, Wang CH, Chan P | Bickenbach A. |
| **Publikationsjahr** | |
| 2004 | 2012 |
| **Mit welchen Versuchspersonen wurde die Studie durchgeführt** | |
| 102 Probanden, davon 47 männlich. Das Durchschnittsalter liegt bei 47 Jahren. Alle Probanden haben eine leichte bis mittelschwerer Hypertonie. Blutdruckwerte durchschnittlich: <br> - 140-180mmHG systolisch <br> - 90-110mmHG diastolisch | 55 therapienaive Hypertoniepatienten mit Hypertonie Grad1/Prähypertonie (42 Männer, 13 Frauen, 54,7 ± 10,4 Jahre, 175,3 ± 8,3 cm, 87,3 ± 14,7 kg). |
| **Wie sah der Versuchsaufbau der Studien aus** | |
| In die erste Gruppe wurden die Probanden randomisiert in eine Trainingsgruppe, welche 3 mal pro Woche für zehn Wochen lang ein aerobes Training mit moderater Intensität durchführt, eingeteilt. Die | Die Probanden wurden zufällig in drei Gruppen aufgeteilt: <br> 1. Ausdauertrainingsgruppe (4 Frauen und 9 Männer) |

| | |
|---|---|
| zweite Gruppe führte kein Training durch und diente als Kontrollgruppe. Bei beiden Gruppen wurde im Anschluss der systolische und der diastolische Blutdruck gemessen. Außerdem wollte man durch diese Studie auch noch die Lebensqualität der Patienten analysieren. Gemessen wurde dies mithilfe des SF-36. | 2. Krafttrainingsgruppe (3 Frauen und 11 Männer)<br>3. Ausdauer- und Krafttrainingsgruppe (3 Frauen und 12 Männer)<br>Das Ziel der Studie war es, herauszufinden welche der erwähnten Trainingsformen den größten Effekt auf die folgenden Parameter hat:<br>-Maximale Sauerstoffaufnahme(VO2max)<br>-Gefäßelastizität<br>-Blutdruck<br>-und die Herzfrequenzvariabilität<br>Die Personen trainierten 3 mal pro Woche über einen Zeitraum von 12 Wochen. |

**Relevante Ergebnisse und Schlussfolgerungen**

| | |
|---|---|
| Nach diesem Versuch hat sich der Blutdruck der Trainingsgruppe positiv reduziert. Im Vergleich zur Kontrollgruppe sank der Blutdruck um<br>-13,1mmHG systolisch und<br>-6,3mmHG diastolisch.<br>Außerdem konnte man anhand des SF-36 feststellen, dass sich ebenfalls die Lebensqualität verbessert hat.<br>Abschließend kann man daraus ableiten, dass durch Ausdauertraining, bei hypertensiven Personen, sowohl der Blutdruck gesenkt als auch die Lebensqualität verbessert werden kann. | In allen drei Personengruppen haben sich die VO2max-Werte enorm erhöht. Eine Reduzierung des Blutdrucks konnte man ebenfalls in allen drei Gruppen feststellen:<br>- In der Ausdauertrainingsgruppe senkte sich der Blutdruck um 3,30mmHg (2,35%)<br>- In der Krafttrainingsgruppe um 4,90mmHg (3,44%)<br>- Und in der Ausdauer- und Krafttrainingsgruppe um 5,80mmHg (4,18%)<br>Die anderen Parameter hatten keine nennenswerten signifikanten Steigerungen durch diesen Versuch.<br>Man kann hierdurch also erkennen, dass jede der getesteten Trainingsformen einen positiven Effekt auf Hypertoniepatienten aufweist. Die besten Resultate erzielte jedoch die Ausdauer- und Krafttrainingsgruppe. |

# 5    Literaturverzeichnis

Bickenbach, A. (2011). Auswirkungen von Ausdauer- vs. Krafttraining vs. der
Kombination Ausdauer-/Krafttraining auf die systemische Hämodynamik, Gefäßelastizität
sowie Herzfrequenzvariabilität bei Patienten mit arterieller Hypertonie.
Dissertation, Deutsche Sporthochschule Köln. Köln. Kurzfassung. Zugriff am
28.01.2019. Verfügbar unter http://esport.dshs-koeln.de/314/

Zintl, F., & Eisenhut, A. (2009). Ausdauertraining: Grundlagen- Methoden-Trainingssteue-
rung (7. Überarbeitete Auflage). München: BLV Sportwissen.

Tsai, JC., Yang, HY., Wang, WH., Hsieh, MH., Chen, PT., Kao, PF., et al. (2004). The benefi-
cial effect of regular endurance exercise training on blood pressure and quality of life in
patients    with    hypertension.    Zugriff    am    25.01.2019.    Verfügbar    unter
https://www.ncbi.nlm.nih.gov/pubmed/15132303

Mancia, G., Fagard, R., Narkiewicz, K., Redón, J., Zanchetti, A., Böhm, M. et al.
(2013). 2013 Practice guidelines for the management of arterial hypertension of
the European Society of Hypertension (ESH) and the European Society of
Cardiology (ESC). Journal of Hypertension, 31, 1925-1938.

Kindermann, W. (1987). Ergometrie-Empfehlungen für die ärztliche Praxis. Deutsche
Zeitschrift für Sportmedizin, 38, S. 244-268.

# 6 Abbildungs- und Tabellenverzeichnis

## 6.1 Tabellenverzeichnis